Inhalt

Familien begegnen uns in vielfältigen Formen. In diesem Heft und auf den Karten sind daher mit dem Begriff *Eltern* alle Menschen gemeint, die als Erziehungsberechtigte Verantwortung für ein Kind tragen. Bei personenbezogenen Hauptwörtern haben wir uns für die Verwendung der weiblichen Form entschieden. Der Verzicht auf eine genderneutrale Anpassung ist der besseren Lesbarkeit geschuldet, alle Geschlechter sind hier gleichermaßen angesprochen. Mit dem Begriff *Pädagogin* meinen wir alle Personen, die in der Kita im pädagogischen Kontext tätig sind, unabhängig von ihrer Ausbildung oder ihrer Berufsbezeichnung.

Vorwort: Zur Arbeit mit diesen Karten und dem Begleitheft

Du möchtest gemeinsam mit deinem Team am Thema Inklusion arbeiten? Das vorliegende Kartenset hilft dir, diesen Weg zu gestalten. Jede Karte stellt einen Kernaspekt des Themengebiets vor. Der Einstieg wird durch ein Praxisbeispiel dargestellt, das den Transfer in deinen Arbeitsalltag erleichtert und dir konkrete Ideen zur Umsetzung gibt. Auf den Rückseiten findest du Reflexionsfragen, die du individuell, aber auch gemeinsam mit deinem Team bearbeiten kannst.

Die Karten begleiten den Prozess

Die Karten sind so gestaltet, dass sie den Teamprozess begleiten, der in der Auseinandersetzung mit dem Thema entstehen wird. Sie zeigen, welche Teilaspekte innerhalb des Themengebiets wichtig sind und wie diese nacheinander erarbeitet werden können. Dabei geben die Karten Orientierung und strukturieren den Teamprozess durch ihre Reihenfolge.

Das Kartenset beginnt mit den elementaren Aspekten. So schafft die Auseinandersetzung mit den ersten Karten ein grundlegendes Verständnis für das Thema und unterstützt die Arbeit an der eigenen Haltung. Mit den Karten werden die Aspekte nach und nach konkreter und zeigen Umsetzungsmöglichkeiten für die Praxis auf. Insgesamt leiten dich die Karten also von der Haltung zur Handlung.

Weitere Vorschläge dazu, wie du mit diesen Karten arbeiten kannst, findest du auf Karte 2 *Anleitung*.

Das Begleitheft

Dieses Begleitheft ergänzt die Karten um wesentliche Hintergrundinformationen. Im Kapitel »Fragen aus der Praxis« werden typische Herausforderungen der Bildungs- und Erziehungspartnerschaft dargestellt und du erhältst praktische Vorschläge für den Umgang damit. Im letzten Kapitel »Veränderungsprozesse im Team gestalten« geben wir dir Methoden und Hinweise zur Gestaltung des Teamprozesses an die Hand. Du erfährst, wie du alle Teammitglieder in den Prozess einbinden kannst, wie du dein Team zu Veränderungsprozessen motivierst und vieles mehr.

Impulse statt Rezepte

Erwarte von diesem Begleitheft und den zugehörigen Karten also zahlreiche Mutmacher, Praxisbeispiele und Methoden, um die Arbeit mit den Familien in deiner Einrichtung neu zu denken und zu gestalten. Patentrezepte und ausführliche Lehrbuchauszüge wirst du jedoch vergeblich suchen. Die Karten wollen zur Auseinandersetzung mit eigenen Haltungen, Überzeugungen und der Praxis anregen, um so Veränderungen anzustoßen. Und vielleicht motiviert dich die ein oder andere Karte auch zur tieferen Recherche über das Thema.

Wir wünschen dir und deinem Team einen spannenden Austausch, viele neue Erkenntnisse und eine Menge Spaß auf dem Weg hin zu einer gelebten Inklusion in deiner Kita.

Grundlagen

Jeder Mensch ist einzigartig und besonders. Es ist normal, verschieden und anders zu sein.
Kitas sind Orte der Vielfalt. Schließlich bringt jedes Kind, jede Familie, jede Pädagogin individuelle Besonderheiten mit. Vielfalt bereichert unser Leben. Eine vielfältige Auswahl an Speisen, eine farbenfrohe Blumenwiese oder auch vielfältige Erkundungsmöglichkeiten im Urlaub sind positive Assoziationen zu diesem Begriff. Unterschiede können aber auch Ablehnung oder Angst erzeugen, denn Menschen denken auch in Kategorien, ordnen sich Gruppen zu, vergleichen und grenzen sich ab. Sie haben Vorurteile.

Diversität in der Kita zu leben erfordert Einfühlungsvermögen und zugleich Mut sowie Innovationskraft.

Konzepte, die für eine inklusive Pädagogik entwickelt werden, unterliegen einem steten Wandel. Denn jedes Kind benötigt etwas anderes, um die gleichen Chancen für seine Entwicklung zu erhalten. Pädagoginnen sind deshalb permanent herausgefordert, einen bunten Strauß an ungleichen Maßnahmen und Umsetzungsstrategien zu entwickeln, um eine gleichberechtigte Teilhabe für alle zu ermöglichen.

Ziele von Inklusion

Vielfalt als Normalität anzuerkennen, sie als Chance wahrzunehmen und als Ressource wertzuschätzen ist Grundlage und Leitziel von Inklusion.

Inklusion ist nicht Integration

Herkömmliche Strategien, die im Sinne der Integration Kinder mit bestimmtem Förderbedarf zusammenfassen oder separieren, um Rückstände in Bezug auf Normen aufzuholen, verstärken eigentlich nur ihre Ausgrenzung. Diese Förderkonzepte setzen bei den Schwächen und Defiziten an, wodurch Kinder schnell eine Stigmatisierung erfahren. Selbst wenn die Unterstützungsangebote positiv gestaltet sind, wird dem Kind vermittelt, nicht gut genug oder „anders" zu sein als der Rest.

Inklusion ist auch nicht Gleichheit

Auch Strategien, die versuchen, alle Kinder gleich zu behandeln, werden einer inklusiven Pädagogik nicht gerecht. Bei ungleichen Startbedingungen und unterschiedlichem Entwicklungstempo der Kinder führt Gleichbehandlung erneut zu Ausgrenzung. Eine inklusive Pädagogik ist deshalb herausgefordert, Konzepte zu entwickeln und Haltung so zu verändern, dass:

- Kinder mit ihren individuellen Identitätsmerkmalen wahrgenommen werden, ohne Stigmatisierung, Stereotypisierung oder Festlegung auf nur ein Merkmal ihrer Identität.
- Barrieren, vor allem solche, die den Zugang zu Bildung verhindern, abgebaut werden und Ausgrenzung und Diskriminierung nicht stattfinden.
- Bildungsangebote und die sich daraus entwickelnden Lernprozesse so differenziert und vielfältig sind wie die Art des Lernens der Kinder.

Gesetz und Auftrag

> Inklusion ist eine Überzeugung, die davon ausgeht, dass alle Menschen gleichberechtigt sind und in gleicher Weise geachtet und geschätzt werden sollen, so wie es die fundamentalen Menschenrechte verlangen.
>
> (UNESCO, Oktober 1997)

In Artikel 3 des Grundgesetzes steht seit 1994: „Niemand darf wegen seiner Behinderung benachteiligt werden." Damit dürfen Menschen mit Behinderung nicht anders behandelt werden als Menschen ohne Behinderung. Seit 2002 gibt es weitere Gesetze: Zum Beispiel müssen demnach Behörden ihre Internetseiten, Formulare und Anträge barrierefrei anbieten, damit sie Menschen mit verschiedenen Behinderungen benutzen und verstehen können.

Das Allgemeine Gleichbehandlungsgesetz (AGG) verbietet in Deutschland, Menschen mit Behinderung zu benachteiligen. Zudem schützt das Gesetz noch weitere Menschen. Zum Beispiel ist es verboten, Menschen wegen ihrer Hautfarbe, Religion oder wegen ihres Alters zu diskriminieren.

Die Generalversammlung der Vereinten Nationen (UN) hat im Dezember 2006 einen völkerrechtlichen Vertrag über die Rechte von Menschen mit Behinderung verabschiedet. Ziel dieser UN-Konvention ist die gleichberechtigte Teilhabe aller Menschen am gesellschaftlichen Leben. Die unterzeichnenden Staaten sind seither verpflichtet, die Inhalte in ihre nationale Gesetzgebung zu übertragen und dafür zu sorgen, dass dieses Menschenrecht im Alltag umgesetzt wird. In Deutschland wurden die Forderungen des internationalen Abkommens 2009 durch ein eigenes Gesetz rechtlich verankert.

Als ein zentrales Menschenrecht wird ein inklusives Bildungssystem gefordert, in dem für alle Kinder und Jugendlichen trotz Verschiedenheit eine gleichberechtigte Chance auf Zugehörigkeit und Teilhabe an Bildung, Erziehung und Betreuung ermöglicht wird. Kindertageseinrichtungen und Schulen sollen so gestaltet werden, dass gemeinsames Lernen und Heterogenität zur Normalität werden.

Soziale Identität entwickeln

Kinder beginnen im Kita-Alter, ihre soziale Identität und ihr Selbstbild zu entwickeln. Dabei orientieren sie sich an den Botschaften, die sie aus der Gesellschaft über die eigene soziale Gruppe erfahren. Studien zeigen beispielsweise, dass Schwarze Kinder lieber mit hellhäutigen Puppen spielen als mit dunkelhäutigen. Sie fanden die hellhäutige Puppe schöner. Eine Schlussfolgerung daraus ist, dass Schwarze Kinder bereits früh negative Zuschreibungen erlebt und verinnerlicht haben, was die Entwicklung eines positiven Selbstbilds verhindert.

Diese Botschaften kommen aus allen Teilen der Gesellschaft und sind allgegenwärtig. Und auch die Kita sendet ständig Botschaften: Worum geht es in den Liedern, die gesungen werden? Welche Materialien sind im Rollenspielbereich zu finden? Wer spricht welche Sprache, wer übersetzt wem? Welche Faschingskostüme sind beliebt, gibt es noch Kostüme aus anderen Kulturen? Welche Feste werden gefeiert? Wer erlebt in den Büchern die Abenteuer?

Welche Botschaften senden wir?

All diese Dinge des Alltags treffen Aussagen darüber, wer oder was zur Norm gehört. Im Sinne der inklusiven Pädagogik sind Pädagoginnen aufgefordert, sich über die Botschaften, die die Kinder in der Kita lernen, bewusst zu sein.

Inklusion beginnt im Kopf von Erwachsenen

Die inklusive Arbeit setzt voraus, dass jedes Kind mit all seinen individuellen Besonderheiten und Merkmalen gesehen wird. Inklusion hängt also in hohem Maße mit der Wahrnehmung der Pädagoginnen zusammen. Denn die Art und Weise, wie Pädagoginnen das Verhalten eines Kindes wahrnehmen und bewerten, beeinflusst ihr Verhalten gegenüber dem Kind. Ein Kind, das durch sein Verhalten überwiegend negativ auffällt, wird vermutlich häufiger ermahnt oder zurechtgewiesen als ein zurückhaltendes Kind.

In den Köpfen entstehen Schubladen

Max ist das Kind, das immer im Morgenkreis stört; Elena ist das Kind, das beim Mittagessen die anderen Kinder ärgert, Luis ist das Kind, das immer furchtbar laut ist und Alex ist das zurückgezogene Kind, das sich nicht beteiligt. Durch die Zuschreibung hat die Pädagogin die unbewusste Erwartung an Max, auch zukünftig im Morgenkreis zu stören. Sie geht einfach davon aus, dass er dies wieder tun wird. Kinder spüren die Erwartungen, die Bezugspersonen an sie haben und sie haben die Tendenz, sich entsprechend zu verhalten. Wenn Max also im nächsten Morgenkreis wieder stört, tut er nur, was von ihm erwartet wird.

Selbsterfüllende Prophezeiungen

Hinzu kommt, dass die Wahrnehmung durch die eigenen Erwartungen beeinflusst wird. Das Verhalten, das die Pädagogin erwartet, wird sie verstärkt wahrnehmen, während sie Verhalten, das ihrer Erwartung nicht entspricht, weniger bemerken wird. Der Moment, in dem Max stört, fällt ihr also besonders intensiv auf und sie fühlt sich in ihrer Erwartung bestätigt. Die lange Zeit, in der Max jedoch interessiert am Morgenkreis teilnimmt, bleibt unbemerkt.

Es gibt noch eine ganze Menge weiterer Effekte, die unsere Wahrnehmung verzerren. Der Halo-Effekt sorgt dafür, dass wir aufgrund einzelner Eigenschaften Rückschlüsse auf das Kind insgesamt ziehen. Wenn ein Kind oft laut und unruhig ist, führt der Halo-Effekt dazu, dass die Pädagogin davon ausgeht, dass das Kind generell Schwierigkeiten hat, sich zurückzunehmen oder sich längere Zeit zu konzentrieren.

Oft beeinflusst auch der eigene Erfahrungshintergrund die Wahrnehmung, was als Referenzfehler bezeichnet wird. Wenn die Pädagogin beispielsweise jahrelang aktive Übungsleitung im Sportverein war, tendiert sie dazu, besonders hohe Ansprüche an die motorischen Entwicklungsstände der Kinder zu haben.

Wahrnehmungen müssen bewusst bewertet werden

Es ist essenziell, dass Pädagoginnen ihre Wahrnehmung immer wieder kritisch reflektieren, am besten im Austausch mit Kolleginnen. Jede Pädagogin sollte sich bewusst darüber sein, was ihre Wahrnehmung und was ihre Bewertung und Interpretation einer Situation ist. Die Bewertung ist wichtig, keine Frage, aber sie sollte bewusst und nicht automatisch erfolgen. Gemeinsam mit Kolleginnen kann man üben, Wahrnehmung und Bewertung zu trennen und eine beobachtete Situation auf verschiedene Weisen zu interpretieren.

Darüber hinaus gilt es, insbesondere in der inklusiven Arbeit, den eigenen Fokus immer wieder auf die Stärken, Fähigkeiten und Ressourcen der Kinder zu richten.

Die Veränderung beginnt bei der Pädagogin

Wenn Pädagoginnen sich die Ressourcen von herausfordernden Kindern immer wieder vor Augen führen, werden sie diesen Kindern gegenüber mehr Unterstützung, Bestätigung und Lob zum Ausdruck bringen. Sie werden Positives von ihnen erwarten. Dadurch erfahren die Kinder Anerkennung, die wiederum auf ihr Selbstbild wirkt. Diese positive Atmosphäre schafft die Voraussetzung dafür, dass das Kind sein Verhalten verändern kann.

Inklusion – institutionell und strukturell gedacht

Neben der Motivation und Kompetenz der Pädagoginnen bedarf es auch entsprechender Rahmenbedingungen, um die Anforderungen einer inklusiven Pädagogik erfüllen zu können. Damit sind auch Träger in der Verantwortung, Standards zu entwickeln und ggf. zusätzliche Ressourcen bereitzustellen, die es ermöglichen, jedes Kind aufzunehmen und seinen Bedürfnissen gerecht zu werden.

Die Kita muss sich den Kindern anpassen

Je größer die Vielfalt von Bildungsmöglichkeiten in der Kita ist, desto besser können Einrichtungen mit Heterogenität umgehen und den unterschiedlichen Bedürfnissen, Interessen und Kompetenzen von Kindern gerecht werden. Vielfalt bezieht sich dabei auf das Angebot eines breiten Spektrums an räumlichen, materiellen und personellen Möglichkeiten. So beginnt die Umsetzung eines inklusiven Konzepts bereits mit einer interkulturellen und multiprofessionellen Personalauswahl.

Kernaufgabe einer inklusiven Einrichtungsentwicklung ist die Umsetzung und Gestaltung einer differenzierten Lernumgebung. Eine Öffnung der Einrichtung sowohl nach innen als auch nach außen sind Erfolgsfaktoren für inklusives Arbeiten. Kinder profitieren dabei von mehr Auswahl, Entscheidungs- und Handlungsspielräumen – natürlich aber nur, wenn die Konzepte gut durchdacht sind, Strukturen aufweisen und für Transparenz sorgen. Das Konzept der Offenen Arbeit bietet hierfür zukunftsweisende Methoden und Umsetzungsmodelle. Wichtig ist dabei ein ko-konstruktives Bildungsverständnis, das Kindern wie Erwachsenen eine gleichermaßen aktive Rolle zur Gestaltung von Bildungsprozessen zuweist und die Moderation von kooperativen Lernangeboten in den Mittelpunkt stellt.

Interdisziplinäre Zusammenarbeit

Zum Wohle der Kinder ist es notwendig, eine interdisziplinäre Zusammenarbeit aufzubauen und zu pflegen. Professionalität, die sich über Jahrzehnte in Fachstellen wie der Frühförderung, Erziehungsberatung, Ergotherapie, Logopädie oder Heilpädagogik entwickelt hat, muss in und für die Kita genutzt werden können. Inklusives Arbeiten benötigt daher ein starkes Netzwerk, das Zeit aufbringt, sich fachlich auszutauschen und Mehrperspektivität als Ressource und Chance anerkennt. Nicht mehr dem einzelnen Kind, sondern der Einrichtung als System soll dabei Unterstützung zukommen, damit alle Kinder einen guten Platz finden können.

Methoden

Inklusiv zu arbeiten bedeutet vor allem eine intensive Auseinandersetzung mit der eigenen Haltung, Überzeugungen und Erfahrungen. Im Folgenden stellen wir dir einige sehr wirksame Methoden vor, die dich und dein Team auf diesem Weg unterstützen.

Übung zum Perspektivwechsel

Im Kita-Alltag kann es immer wieder passieren, dass sich Erwartungen negativer Art an Kindern verfestigen und Kinder in gedankliche Schubladen der Pädagoginnen rutschen.
Um sich gedanklich wieder für ein Kind zu öffnen und in eine unvoreingenommene Wahrnehmung zu kommen, ist die Übung des Perspektivwechsels sehr wertvoll und hilfreich.

Wähle ein Kind, dem du dich gedanklich öffnen möchtest. Stell dir nun vor, du wärst dieses Kind, versetze dich also in seine Rolle. Beantworte die folgenden Fragen aus Sicht des Kindes, am besten schriftlich. Mit *ich* ist also das Kind gemeint, *du* meint die Pädagogin.

- Was ich dir schon immer erzählen wollte:
- Ich mag es, wenn du …
- Ich mag es nicht, wenn du …
- Es würde mir helfen, wenn du …

Anschließend reflektierst du deine Antworten. Wie hat sich dein Blick auf das Kind verändert? Was hast du Neues über das Kind erfahren? Diese Übung kann auch gut als Rollenspiel unter Kolleginnen durchgeführt werden.

Eine weitere und sehr kreative Möglichkeit zum Perspektivwechsel ist die Tiermetapher-Methode:
Stell dir dazu ein Tier vor, das als Stellvertreter für ein schwieriges Verhalten von Kindern oder Eltern steht. Beschreibe deiner Teampartnerin das schwierige Verhalten. Eine brüllende Löwin könnte beispielsweise für eine wütende Mutter stehen. Die Tiermetapher kann nun helfen, neue Ideen und Verständnis für das Verhalten der jeweiligen Person zu entwickeln. Bildet dazu gemeinsam systemische Hypothesen. Warum und wozu brüllt zum Beispiel die Löwin? Inwiefern macht dieses Verhalten für die Mutter Sinn und ist notwendig? Zieht nun gemeinsam Schlussfolgerungen: Was könnte euch im Umgang mit solchem Verhalten helfen? Was benötigt eine »Löwin«, um ihrer Aufgabe gerecht zu werden?

Rollenspiel zur gesellschaftlichen Teilhabe

Ausgrenzung, Stigmatisierung und Diskriminierung wird für uns meistens erst sichtbar, wenn sie uns selbst betrifft. Wenn wir jedoch einer Gruppe angehören, die glücklicherweise weniger von Ausgrenzung und Ähnlichem betroffen ist, sehen wir oft nicht, dass es ein Problem gibt. Denn wir selbst haben ja keines. Um ein grundlegendes Verständnis für die Thematik zu entwickeln, ist folgendes Rollenspiel sehr wertvoll:
Die Spielleiterin schreibt die untenstehenden Rollen auf Zettelchen. Jede Teilnehmerin zieht eine Rolle, teilt diese den anderen aber nicht mit. Alle Teilnehmerinnen stellen sich in einer Reihe auf. Nun liest die Spielleiterin die Fragen nacheinander vor. Jede Teilnehmerin tritt für jede Frage, die sie in ihrer Rolle mit einem *Ja* beantworten kann, einen Schritt nach vorne.
Sind alle Fragen vorgelesen, ist ein vielfältiges Bild entstanden. Einige Teilnehmerinnen konnten fast jede Frage mit *Ja* beantworten, andere sind nur ganz

wenige Schritte nach vorne gegangen. Nun darf jede Teilnehmerin den anderen ihre Rolle mitteilen.

Gemeinsam wird reflektiert:

- Wie habe ich mich in meiner Rolle gefühlt? Wie geht es mir jetzt?
- Welche Emotionen löst das Spiel in mir aus?
- Welche Gedanken gehen mir durch den Kopf?
- Was sagt das Spiel für mich aus? Was ist mir bewusst geworden?

Rolle

- Professorin für Germanistik, verheiratet, keine Kinder
- Alleinerziehende Mutter mit Minijob
- 15-jähriger Hauptschüler, Eltern sind arbeitslos
- 23-jähriger Syrer, illegal eingewandert
- 28-jährige Versicherungsfachkraft, in einer gleichgeschlechtlichen Partnerschaft lebend
- 20-jähriger linker Aktivist aus Chemnitz
- 45-jährige Frau, obdachlos
- 68-jährige Rentnerin, ehemals Friseurin
- 27-jähriger Prostituierter, HIV-positiv
- 38-jähriger Abteilungsleiter in der IT-Branche, 2 Kinder
- 39-jähriger Asylbewerber, im Flüchtlingsheim untergebracht
- 22-jährige Studentin, Tochter eines Immobilienunternehmers
- 53-jähriger Rollstuhlfahrer, seit eines Unfalls arbeitsunfähig
- 27-jährige Erzieherin muslimischen Glaubens
- 88-jährige Dame im Seniorenwohnheim

Fragen: Kann deine Rolle ...

- bei der nächsten Bundestagswahl wählen?
- benötigte ärztliche Behandlungen bekommen?
- ihren Wohnort frei wählen?
- einen Kredit bekommen?
- ihre Religion offen leben?
- spontan mit Freunden nach Italien in den Urlaub fahren?
- im örtlichen Sportverein Mitglied werden?
- davon ausgehen, dass sie gleiche Karrierechancen haben, wie andere Personen mit ihrer Qualifikation?
- eine Versicherung abschließen?
- es sich leisten, einmal in der Woche im Restaurant zu essen?
- sicher sein, bei der Wohnungssuche gute Chancen zu haben?
- davon ausgehen, dass ihre Kinder in der Schule nicht ausgeschlossen oder diskriminiert werden?
- Informationen in Post oder Zeitung verstehen, weil sie in ihrer Muttersprache verfasst sind?
- davon ausgehen, nicht öfter polizeilich kontrolliert zu werden als andere Personen?
- relativ problemlos einen Job finden und annehmen?

Kollegiale Beratung im Team

Insbesondere in der inklusiven Arbeit ist die kollegiale Beratung im Team besonders wertvoll. Nicht selten geraten Pädagoginnen in der Arbeit mit herausfordernden Kindern in die Überforderung. Dann hilft ein Blick von außen, der konkrete Handlungsoptionen aufzeigt und die Situation neu und anders bewertet. All dies bietet die kollegiale Beratung unter Kolleginnen. Damit diese Methode wirklich fruchtbar ist, hat sich folgendes Vorgehen bewährt:

1. Mögliche Fälle werden vorgestellt: Jede Person im Team, die einen Fall in die Beratung geben möchte, stellt kurz das Thema und/oder das Kind vor, um das es geht.
2. Die Gruppe wählt einen Fall: Die Gruppe entscheidet mittels Mehrheitsentscheidung, welchen Fall sie bearbeiten möchte.
3. Problem- und Zielbeschreibung: Die Fallgeberin beschreibt die Situation genauer und gibt der Gruppe einen Auftrag. Beispielsweise wünscht sich die Fallgeberin Handlungsideen in einer bestimmten Situation. Ein konkreter Auftrag ist sehr wichtig für das Gelingen der Beratung. Die Beraterinnen (alle anderen) hören zu.
4. Verständnisfragen: Die Beraterinnen stellen Fragen an die Fallgeberin, deren Antworten sie zur Beratung benötigen.
5. Austausch der Beraterinnen: Die Beraterinnen diskutieren ihre Hypothesen und Ideen zum Fall und entwickeln Lösungsvorschläge entsprechend dem Auftrag. Die Fallgeberin zieht sich zurück und hört ausschließlich zu.
6. Bewertung, Rückmeldung und Abschluss: Die Fallgeberin gibt Rückmeldung zu den Lösungsvorschlägen der Beraterinnen und teilt mit, welche Ideen sie ausprobieren möchte.

Die Beratung wird umso fruchtbarer, je routinierter das Team mit der Methode arbeitet. Es bietet sich daher an, diese Methode zu einem regelmäßigen Bestandteil der Teamsitzungen zu machen. Damit stellt man ganz nebenbei sicher, dass man bei jeder Teamsitzung tatsächlich auch pädagogische Themen behandelt und sich nicht nur mit Organisatorischem beschäftigt. Für die pädagogische Arbeit ist es essenziell, dass das Team regelmäßig miteinander über pädagogische Themen im Austausch ist.

Fragen aus der Praxis

In der Auseinandersetzung mit gelebter Inklusion stoßen viele Kita-Teams auf ähnliche Herausforderungen. Im Folgenden findest du für typische Situationen konkrete Handlungs- und Lösungsideen.

Sind Kinder mit besonderen Bedürfnissen woanders vielleicht besser aufgehoben?

»Aktuell führen wir in unserer Kita Aufnahmegespräche für das nächste Kita-Jahr. Unter anderem hat sich eine Familie mit einem körperlich beeinträchtigten Kind beworben. Tim ist zwei Jahre alt und leidet an Muskelschwund. Aktuell braucht Tim nur wenig Unterstützung. An manchen Tagen kann er nicht so gut gehen und braucht etwas Hilfe. Den Sandkasten kann er nur mit Hilfe betreten, da der weiche Untergrund für ihn sehr schwierig ist und er zu wenig Halt hat. Sein Krankheitsverlauf ist ungewiss, man weiß nicht genau, wie schnell er in seinem Bewegungsraum eingeschränkt wird. Er würde dann einen Rollstuhl brauchen. Die Testergebnisse in diesem Sommer waren aber gut. Im Team haben wir darüber gesprochen, ob wir für Tim die richtige Einrichtung sind. Einige Kolleginnen sind der Meinung, Tim wäre in einer speziellen Einrichtung besser aufgehoben.«

Gerade wenn ein Team bisher noch keine Erfahrungen mit körperlich beeinträchtigten Kindern hat, entstehen oft Ängste. Dies liegt unter anderem daran, dass man nicht genau weiß, worauf man sich tatsächlich einlässt. Diese Sorgen müssen ausgesprochen werden und Gehör finden. Außerdem ist es hilfreich, so viel Klarheit wie möglich für das Team zu schaffen. Vielleicht kann Tims Arzt eine Teamsitzung besuchen und Fragen zu Tims Krankheit und zu seinen Bedürfnissen beantworten? Hier kann auch die Vernetzung und Beratung durch Fachstellen weiterhelfen.

Wenn Tim mit seiner Mutter die Kita für ein paar Tage besucht, bekommen alle eine bessere Vorstellung davon, was es bedeutet, Tim in der Einrichtung aufzunehmen.
Die Entscheidung sollte jedoch nicht nur aus Perspektive der Kita getroffen werden. Versetzt euch gemeinsam in Tims Situation: Was sind seine Alternativen, wenn er nicht zu euch in die Kita kommt? Was bedeutet die Entscheidung für seine Bildungschancen in der Zukunft? Wie können die anderen Kinder von Tim profitieren? Welche neuen Situationen und Chancen für Kinder, Team und Familien könnten sich ergeben, wenn Tim in eure Einrichtung kommt? Wie könnt ihr vorab Transparenz für andere Eltern schaffen, um Tim gute Startbedingungen zu ermöglichen?

Damit Tims Aufnahme in eurer Kita ein Erfolg wird, sollte die Entscheidung von allen im Team mitgetragen werden. Fragt alle im Team: »Was brauchst du, um dich auf Tim einlassen zu können?« So könnt ihr als Team gemeinsam zu einer guten Entscheidung kommen, auch in Tims Sinne. Und vergesst nicht, eine Entscheidung ist nie endgültig. Wenn sich Tims Zustand plötzlich sehr verschlechtert, muss die Situation neu eingeschätzt werden.

Wie können wir allen Kindern gleichzeitig gerecht werden?

Ich bin Gruppenleitung in einer Gruppe mit drei Kindern, die sehr viel Aufmerksamkeit fordern. Im Team haben wir oft das Gefühl, dass wir uns den ganzen Tag nur mit diesen Kindern beschäftigt haben. Dadurch haben wir ein schlechtes Gewissen gegenüber den anderen Kindern der Gruppe, schließlich wollen wir für alle Kinder da sein. Wie können wir allen Kindern gerecht werden, ohne uns zu zerreißen?

Verschiedene Kinder haben verschiedene Bedürfnisse. Gerechtigkeit bedeutet nicht, dass jedes Kind das Gleiche bekommt, sondern dass es bekommt, was es braucht. Beobachtet deshalb, ob die Situation auch für die anderen Kinder ein Problem darstellt, vielleicht besteht das Problem nur in euren Köpfen. Wenn die anderen Kinder im Alltag tatsächlich zu kurz kommen, überdenkt euer Konzept zur inneren Differenzierung. Verstärkt Kleingruppen zu bilden, die Kompetenzen aller Kolleginnen einzubeziehen und differenzierte Angebote für die unterschiedlichen Bedürfnisse zu gestalten eröffnet allen wieder Raum für individuelleres Arbeiten. Verteilt die Rollen im Team und ggf. die Aufgaben neu. Beobachtet außerdem die drei betreffenden Kinder genau: Woher kommt es, dass diese drei Kinder so viel Aufmerksamkeit brauchen? Ist dies immer so? Überfordern oder unterfordern wir einzelne Kinder mit unseren Strukturen und Angeboten? Bei welchen Tätigkeiten kommen diese Kinder gut ohne uns zurecht? Gibt es Spielpartnerinnen, mit denen diese Kinder gut ins Spiel finden? Auch eine Selbstbeobachtung kann hier zu neuen Erkenntnissen verhelfen: Auf welches Verhalten dieser drei Kinder springen wir Pädagoginnen besonders schnell an?

In der kollegialen Beratung können gemeinsam Lösungsideen entwickelt werden. Seid kreativ und probiert auch unkonventionelle Ideen aus. Oft ist die Lösung einfacher als gedacht.

Was tun, wenn mich ein Kind an meine Grenzen bringt?

Immer wieder kommen meine Kolleginnen und ich in Situationen mit Kindern an unsere Grenzen. Gerade in stressigen Situationen ist es schwierig, mit Ruhe und Gelassenheit zu reagieren, wenn ein Kind herausforderndes Verhalten zeigt. Leider passiert es immer wieder, dass wir uns überfordert fühlen und anders reagieren, als wir es uns vorgenommen haben. Wir werden z. B. laut oder bestrafen mit einer Auszeit. Was können wir tun, damit es nicht so weit kommt?

Jede Pädagogin stößt im Alltag hin und wieder an ihre Grenzen. Das ist ganz normal und vor allem kein Grund zu Scham oder schlechtem Gewissen. Um in diesen Situationen professionell reagieren zu können, sind Absprachen im Team und Vertrauen zwischen den Kolleginnen entscheidend. Vereinbart miteinander, wie ihr euch in solchen Situationen helfen und auch die Kinder schützen könnt. Wenn eine Kollegin beobachtet, dass eine andere an Grenzen kommt, sollte sie die Kollegin ansprechen und dafür sorgen, dass diese die Situation verlassen kann. Ist dieses Vorgehen im Team vereinbart, wird es von der betreffenden Kollegin nicht als Angriff oder Bloßstellung, sondern als Hilfe und Unterstützung verstanden werden.

Natürlich entsteht eine solch vertrauensvolle Art der Zusammenarbeit nicht von selbst. Übt deshalb im Team, euch regelmäßig Rückmeldung und Feedback zu eurer Arbeit zu geben und fangt dabei mit positivem Feedback an. Auf dieser Basis fällt es leichter, auch kritische Rückmeldungen zu geben.
Überprüft außerdem, in welchen Situationen Überforderungen entstehen. Oft sind es die Mikrotransitionen im Alltag, die für die Kinder schwierig sind und dann eskalieren. Arbeitet euch in das Thema Mikrotransitionen ein und überlegt, wie ihr die kleinen Übergänge im Alltag stressfreier gestalten könnt. Müssen die Kinder wirklich warten, bis alle angezogen sind, bevor sie in den Garten gehen können, oder kann nicht eine Kollegin mit einer Kleingruppe schon vorausgehen? Auch kleine Veränderungen im Tagesablauf können für alle Entspannung bringen.

Kinder grenzen sich gegenseitig aus, müssen wir eingreifen?

»Seit einiger Zeit arbeiten wir im Team intensiv an unseren Vorurteilen. Wir reflektieren sie und geben uns viel Mühe, dass sie nicht unser Handeln beeinflussen. In letzter Zeit fällt uns verstärkt auf, dass die Kinder im Kindergarten bereits viele stereotype Vorstellungen haben und andere Kinder bewusst aufgrund bestimmter Eigenschaften ausschließen. *Du bist ein Mädchen, du darfst nicht mitspielen* ist nur eines von vielen Beispielen. Warum ist Gruppenzugehörigkeit und die damit verbundene Ausgrenzung für Kinder in diesem Alter so wichtig? Und wie gehen wir mit solchem Verhalten von Kindern um? Sollten wir das tolerieren oder müssen wir als Pädagoginnen aktiv einschreiten?«

Dass Kinder ab drei Jahren verstärkt in Kategorien und Gruppenzugehörigkeiten unterteilen, ist ein wichtiger Meilenstein in der Entwicklung. Das menschliche Sozialverhalten wird maßgeblich von Gruppen- und Kategoriezugehörigkeiten strukturiert. Kinder müssen lernen, welche sozialen Kategorien es gibt, woran man sie erkennt, wie sie sich unterscheiden und welche Bedeutung sie haben, um ihre soziale Umgebung zu verstehen und die eigene Identität zu finden.

Abgrenzung ist ein Lernprozess

Abgrenzung ist ein kreativer und sozialer Lernprozess, den die Kinder sehr aktiv gestalten. Sie suchen nach Erklärungen für Unterschiede, die sie sehen: »Warum sieht der Mann so komisch aus?« Auch zeigen sie ungefähr ab vier Jahren eine starke Präferenz für andere, die ihnen ähneln (z. B. Geschlecht, Sprache, Ethnie). Im Vergleich mit anderen wird der positive Selbstwert aufrechterhalten. Die Abgrenzung von anderen z. B. durch die Aussage »Wir sind besser als die« macht für sie also durchaus Sinn. Vor diesem Hintergrund muss gut überlegt werden, ob und wie Pädagoginnen bei solchem Verhalten eingreifen. Das Ziel ist, nicht zu tadeln oder zu strafen, sondern die Kinder sensibel zu machen für Ausgrenzungen, die sie vornehmen, und damit die emotionale Kompetenz der Kinder zu stärken. Fragen wie »Was meinst du genau mit deiner Aussage, du bist nicht mehr meine Freundin?« können mit Kindern altersentsprechend reflektiert werden.

Vorurteil-Vorbilder

Die Informationen über Kategorien und Zugehörigkeiten ziehen Kinder vor allem aus der Beobachtung Erwachsener. Dabei sind sie für subtile Signale wie nonverbales Verhalten besonders empfänglich. Wir sollten deshalb genau überprüfen: Welche Stereotype leben wir den Kindern unbewusst vor? Oft passt nämlich das, was Erwachsene sagen, nicht zu ihrem tatsächlichen Verhalten.

Für die Kita gilt es, eine Umgebung zu schaffen, in der Teilhabe und Chancen nicht von Gruppenzugehörigkeiten abhängig sind. Pädagoginnen sind Vorbilder in allem, was sie tun und nicht tun.

Veränderungsprozesse im Team gestalten

»Nichts ist so beständig wie der Wandel.« Heraklit von Ephesos hatte wohl noch nicht die Welt der Kindertagesbetreuung vor Augen, als er sein berühmtes Motto formulierte. Aber auch für die Kita als Bildungs- und Lebensort gilt, dass Organisation und Arbeitsweise fortlaufend an die sich ändernde Umwelt angepasst werden müssen. Wie gelingt dies am besten, gerade in Zeiten des Personalmangels und steigender Ansprüche von Politik und Eltern? Als Kita-Leitung ist man zunächst gut beraten, fortlaufend den Boden für Veränderungen im Team zu bereiten. Dem gesamten Team sollte klar sein, dass auch die Arbeitswelt der Kita agil geworden ist. Konzepte gelten nicht mehr für Jahrzehnte, sondern befinden sich ständig in einem evolutionären Prozess. Strukturen werden in interdisziplinären Teams angepasst und sofort in der Praxis erprobt, um dann erneut verbessert zu werden. Aufgabe der Führungskräfte ist es daher zunächst, Ängste und »Wachstumsschmerzen« zu erkennen und aufzugreifen. Dies gelingt am besten, wenn man selbst überzeugt ist von der Notwendigkeit der Veränderung. Und: Veränderungsprozesse brauchen ausreichend Zeit und Geduld.
Im Folgenden stellen wir dir einige Aspekte, Ansätze und Methoden des agilen Projektmanagements vor, die dich bei der Gestaltung des Teamprozesses unterstützen können.

Zukunftswerkstatt und Ist-Analyse

In einer Zukunftswerkstatt kannst du mit dem Team zu Beginn des Prozesses eine Wunschvorstellung erträumen, aus der anschließend konkrete Ziele abgeleitet werden können. Hilfreich ist es, auch eine Analyse der Ist-Situation durchzuführen. Dabei helfen folgende Fragen:

- Welche persönlichen Kindheitserfahrungen prägen unser pädagogisches Handeln?
- Welche Vielfalt bildet sich innerhalb unseres Teams ab?
- Welche Spiel- und Lernmaterialien in unserer Einrichtung sind zweckfrei und neutral verwendbar?
- Wer aus dem Team würde sich wohl als Spezialistin für Inklusion verstehen?
- Welche Barrieren oder Auslassungen identifizieren wir in unserer Kita?
- Wie lernfreudig ist unser Team? Haben alle ausreichend Fachwissen und Methodenkenntnisse zum Thema? Wie können unerfahrenere Teamkolleginnen von den »alten Häsinnen« profitieren und umgekehrt?
- Woran merken Außenstehende, dass wir ein offenes Haus für alle sind?

Ängste und Sorgen thematisieren

Veränderungen bringen Unsicherheit und damit Ängste mit sich. Denn wer kann schon vorhersagen, ob das, worauf man sich da einlässt, tatsächlich besser sein wird als die aktuelle Variante? Um Akzeptanz für Veränderung zu schaffen, müssen deshalb vor Beginn des Prozesses alle Bedenken, Ängste und Sorgen auf den Tisch. Dabei geht es nicht darum, diese zu entkräften, sondern darum, ihnen Raum zu geben, sie zu hören und zu beachten. Gemeinsam kann man dann überlegen, was jede Person braucht, um sich auf den Prozess einlassen zu können. Dies könnte beispielsweise das Vereinbaren einer Testphase oder die Unterstützung der Kolleginnen sein.

Wie umgehen mit Widerständen im Team?

Veränderungsprozesse lösen bei allen Teammitgliedern unterschiedliche Gefühle aus. Je stärker der Druck von oben kommt und je weniger die einzelnen Teammitglieder an der gewünschten Veränderung beteiligt sind und mitgestalten können, desto mehr Widerstand entwickelt sich. Innerhalb deines Teams wird es entscheidungsfreudige, mutige Kolleginnen geben, die gerne Neues ausprobieren und wenig Angst vor Fehlern haben. Daneben gib es Skeptikerinnen, die zögerlichen Bewahrerinnen und Bedenkenträgerinnen. Die Vielfalt im Team ist wichtig, um Veränderungsprozesse anzustoßen, diese aber auch zielgerichtet und überlegt umzusetzen. Findet heraus, wer sich im Team tendenziell mit welcher Rolle identifiziert und wie ihr sie gemeinsam nutzen könnt. Analysiert gemeinsam: Welche Bedenken bestehen? Welche individuellen Lösungen gibt es dafür? Geht es wirklich um die Sache oder geht es in Wahrheit um ein ganz anderes Thema? Welche Stimme in mir, welche Rolle im Team spricht? Stellt ein Innovationsteam zusammen, das sich traut, anzufangen. Erste kleine Schritte helfen, Barrieren abzubauen. Richtet den Blick dabei auf die Erfolge und stellt sie transparent für alle dar. Taten überzeugen oft mehr als Worte.

Wie kommen wir im Team zu Entscheidungen?

Veränderungen werden nachhaltig erfolgreich, wenn möglichst das gesamte Team an Bord ist. Wer seine Ideen und Meinungen einbringen konnte, ist später motiviert bei der Sache. Gemeinsam Entscheidungen zu treffen, die von allen mitgetragen werden, ist nicht einfach. Hier findest du einige Tipps, wie ihr im Team zu guten Entscheidungen kommt.

- Vereinbart Testphasen für neue Methoden. Es ist leichter, sich auf etwas Neues einzulassen, wenn die Entscheidung umkehrbar bleibt.
- Es muss nicht immer eine einheitliche Lösung geben. Wenn es gute Gründe gibt, warum in Gruppe A etwas anders gemacht wird als in Gruppe B, warum nicht?
- Um Entscheidungen zu treffen, könnt ihr andere Wege gehen als eine klassische einfache Mehrheit herbeizuführen. Je nach Art der Fragestellung kann man andere Verfahren wählen: qualifizierte Mehrheiten und Veto-Rechte, anonyme Abstimmungen, mehr als eine Stimme, Abstimmung über Alternativen, vorläufige Abstimmungen (Etappenziele) oder auch den Konsens. Die Auswahl der Methode hängt davon ab, welcher Faktor wichtiger ist: Liegt mir vor allem am Herzen, dass das Team gemeinsam eine (Richtungs-)Entscheidung mitträgt, dann sollte ich mit viel Zeit und Geduld an einem Konsens arbeiten. Weniger wichtige Angelegenheiten, die schnell vorankommen sollen, vertragen einfache Mehrheiten.
- Sei realistisch – es ist selten und in der Regel nicht notwendig, dass alle im Team zu einhundert Prozent glücklich sind mit dem Ergebnis. So mancher lässt sich überzeugen, wenn es bei den Kolleginnen gut läuft. Oder die Skeptikerin übernimmt zunächst die Beobachterrolle.

- Habt ihr eine Entscheidung getroffen, sollte sie verbindlich sein und transparent festgehalten werden. Visualisiere wichtige Entscheidungen z. B. auf einem Plakat und halte sie in Team-Protokoll oder Kita-Logbuch fest.

Jetzt geht's los

Inklusion kann als Entwicklungsprozess verstanden werden, durch den größtmögliche Teilhabe und minimale Exklusion angestrebt wird. Inklusion hat dabei keinen Anspruch auf Perfektion, aber immer einen konkreten Auftrag: allen Kindern Erfahrungs- und Bildungsräume zu bieten, die individuell an ihre Bedürfnisse und Voraussetzungen angepasst sind, und Kooperationen mit externen Unterstützungssystemen als selbstverständlichen Teil einer inklusiven Pädagogik zu verstehen.

Vielfalt macht eure Kita bunt und erlebnisreich. Neben der Arbeit mit diesem Kartenset empfehlen wir als weiterführende Arbeitshilfe den *Index für Inklusion*, um Vielfalt als Qualitätsmerkmal eurer Arbeit zu etablieren. Der Index ist ein umfassender Fragenkatalog, mit dessen Hilfe sich der Ist-Stand der Kita im Hinblick auf den Umgang mit Vielfalt unter unterschiedlichen Aspekten ermitteln lässt. Er liefert aber auch konkrete Praxishilfen zur Umsetzung in Kita und Krippe. Viel Freude auf dem gemeinsamen Weg zu einer inklusiven Kita!

Index für Inklusion:

Gewerkschaft Erziehung und Wissenschaft: Index für Inklusion in Kindertageseinrichtungen. Gemeinsam leben, spielen und lernen (bestellbar unter broschueren@gew.de, ISBN: 978-3-944763-36-1).

Index für Inklusion in Wald- und Naturkindergärten:

Deutsche Wildtierstiftung: Natur- und Waldkindergärten in der Praxis. Heft 2: Vielfalt in der pädagogischen Arbeit – Waldkindergärten auf dem Weg der Inklusion (als PDF-Download unter: https://www.deutschewildtierstiftung.de/naturbildung/patenkindergaerten).

Über die Autorinnen

KiKu Akademie
Die KiKu Akademie ist die Fortbildungsorganisation der Kinderzentren Kunterbunt Gruppe (KiKu). KiKu betreibt deutschlandweit rund 100 Kindertageseinrichtungen in acht Bundesländern, in denen fast 6.000 Kinder eine erste Bildungsstätte außerhalb der Familie erleben.
Die KiKu Akademie gewährleistet die pädagogische Qualität unserer Einrichtungen durch fachliche Beratung, Fortbildungen sowie ein umfassendes Qualitätsmanagement. Weitere Aufgabe der KiKu Akademie ist die konzeptionelle Arbeit in Form von partizipativen Projekten.
Unser multiprofessionelles Team erarbeitet neben Präsenz-Fortbildungen seit längerem digitale und hybride Angebote (z. B. E-Learnings, Trainings per Video-Konferenz und Lern-Nuggets als Video). Wir richten uns sowohl an die über 1.500 eigenen pädagogischen Mitarbeiterinnen als auch an Fach- und Führungskräfte anderer Träger.

Katharina Blum, Bildungskoordinatorin KiKu Akademie, Erziehungswissenschaft M. A., Fortbildnerin im Elementarbereich.
Bereits während ihres Studiums der Erziehungswissenschaft sammelte Katharina Blum vielfältige Erfahrungen in der Fort- und Weiterbildung für Elementarpädagoginnen. Nach eineinhalb Jahren Kita-Praxis verantwortet sie jetzt die Bereiche Fortbildung und Konzeptionsentwicklung bei KiKu und begleitet Kita-Teams als Trainerin in ihren individuellen Entwicklungsprozessen.

Kaarina Meyn, Juristin, Projektmanagerin KiKu Akademie, Multiplikatorin für Partizipation im Elementarbereich (Institut für Partizipation und Bildung), Fortbildnerin im Elementarbereich und in der überparteilichen politischen Bildung junger Menschen.
Nach einigen Jahren als Koordinatorin für Aus-, Fort- und Weiterbildung sowie Qualitätsmanagement im Bereich Kindertagesstätten bei der Diakonie Rheinland-Westfalen-Lippe ist Kaarina Meyn jetzt im Bereich Qualitätsmanagement von KiKu tätig. Sie konzipiert und begleitet Fortbildungen und entwickelt Konzepte (zuletzt Kinderschutz), natürlich immer höchst partizipativ!

Anke Wolfram, Beratung, Fortbildung und Prozessbegleitung bei der KiKu Akademie.
Anke Wolfram ist Erzieherin, Waldpädagogin und Psychomotorikerin. Im Modellversuch PQB (Pädagogische Qualitätsbegleitung) coachte sie Einrichtungsteams in ihrer Interaktionsqualität. Sie ist Mitglied im Praxisbeirat am Staatsinstitut für Frühpädagogik in München und Autorin des Buches »Naturraumpädagogik in Theorie und Praxis«, Verlag Herder.
Seit 2007 leitet sie die Einrichtung Waldkinder-Regensburg, eine Konsultationseinrichtung für den Bayerischen Bildungs- und Erziehungsplan, die u. a. die UNESCO Auszeichnung »Bildung für nachhaltige Entwicklung« erhalten hat.

Brigitte Gronowski, Qualitätsleitung KiKu Akademie, freiberufliche Fortbildnerin im Elementarbereich mit dem Schwerpunkt Inklusion und Organisationsentwicklung.
Nach 20 Jahren im Elementarbereich, davon sechzehn Jahre in leitender Funktion, ist Brigitte Gronowski seit 2013 bei KiKu tätig. Im Bereich Qualitätsmanagement initiiert und unterstützt sie gemeinsam mit Einrichtungsleitungen und Teams praxisnah den Prozess der Qualitätsentwicklung und Sicherung. Freude am Tun und Sternstunden in der Bildungsarbeit mit den Kindern zu erfahren, das wünscht sich Brigitte Gronowski für die pädagogischen Fachkräfte.

Bildnachweis: Gettyimages.de
Cover: StockPlanets | S. 1: Dean Mitchell | S. 3: RainStar | S. 5: StockPlanets | S. 6: StockPlanets | S. 8: FatCamera | S. 9: RyanJLane | S. 13: CiydemImages